Ma Drapo Souvnans

Pwezi

Isaac Volcy

Copyright © 2017 Isaac Volcy

All rights reserved.

ISBN: 0692981756

ISBN-13: 978-0692981757

CMS Book Publishing
6100 Lake Ellenor, DR Suite 205
Orlando, FL-32809
407-952-5182
cmsbookpublishing@gmail.com
www.cmsbookpublishing.com

Isaac Volcy

"Nou kite peyi a

Peyi a pa kite nou..."

Anderson Dovilas

Pou tout fanm ki bay lavi yon sans, pou tout moun ki patisipe nan siksè m, san bliye òganizasyon k ap milite pou lakilti vanse yo; tankou Ribanbèl Kiltirèl, Club GS, elatriye.

Liv sa a dedye yon fason espesyal pou nou.

Isaac Volcy

Ma Drapo Souvnans s on bouke flè pou twa fanm enpòtan nan vi m: "Ayiti, Ernoncile Voltaire ak Roseleine Léger Volcy.

S on zetrèn pou de pitit gasonm yo : Noam B. ak Joah F. Volcy.

Pou tout non mwen pa site yo, lonbray nou kache nan powèm yo.

Mo otè a

« Ma Drapo Souvnans » s on katalòg 33 powèm nan lang manman m ak papa m ki tradui rezistans emosyon m, nostalji m ak rèv mwen pandan 33 zan. Tan an fè alevini, men yo toujou ap flote nan panse m. Rekèy sa se Bwa dèyè bannann souvni m yo k ap respire lan imaj chak grenn powèm k ap defile nan paj yo youn aprè lòt.

« Ma Drapo Souvnans » prete vwa chak lektè pou l pran lapawòl nan site powèt yo. Chak lektè gen lesepase pou l antre chita anndan zèv la, fè l pale san prejije osnon gade tout fasad yo san prefas.

Yon remèsiman espesyal pou: Anderson Dovilas, Johanne Joseph, Jacques Renaud Stinfil, Tezner Leny Bien Aimé, Eugène Fieffe, Jeff Toussaint, Vasthie Désir,...

Liv sa a, s on envitasyon pou dekouvri kèk nan emosyon m yo.

Isaac Volcy

Isaac Volcy

Mo editè a

Emosyon jwe yon wòl fondalnatal nan fason nou resevwa ak eksprime afeksyon. Tankou lè nou kontan, lè nou pè ak lè nou fache, emosyon sa yo charye jan nou santi nou nan yon moman byen detèmine. Sa vle di, emosyon plis yon mouvman sansoryèl olye yon operasyon rasyonèl. Menm jan nou gen emosyon, nou gen santiman tou. Santiman pi estab, emosyon pi espontane.

Pou sikològ Ameriken Arthur Janov: "yon emosyon s'on mouvman meta-sansoryèl pou selebre yon satisfaksyon ou byen pou siyale yon mank." Yon fason pou di emosyon bouyi andedan nou anvan yo soti deyò.

San dout wap mande ki enpòtans yon apwòch sou emosyon genyen nan pwezi? Eske gen emosyon nan pwezi? Eske emosyon powetik egziste? Si emosyon powetik egziste, èske li egziste pou kont li?

San nou pa bezwen retounen nan etimoloji mo pwezi a ou byen repete kèk definisyon, n ap dakò yon powèm se yon zèv atistik, menm jan ak yon tablo, eskilti, elatriye paske yo gen yon sèl denominatè komen ki se « Kreye ».

Anvan nou antre danble nan refleksyon nou an, ann gade ansanm èske emosyon atistik egziste? Lè w kontan, lè w fache ou byen lè w pè pa gen anyen atistik nan emosyon sa yo. Menm si w ta sou yon sèn ap pèfòme. Si laperèz ak latranblad pran w sou sèn nan anvan w vin konfòtab ak pèsonaj wap reprezante a pa gen anyen ki atistik ladann li paske se yon emosyon natirèl. Poutan si w sou sèn kote wap jwe yon karaktè ki mande pou w eksprime emosyon sa yo, epi yo manifeste nan ou nan moman an, se yon emosyon atistik paske emosyon natirèl obeyi yon kòmand atistik.

Yon pwen enpòtan nan emosyon atistik la, se lè zèv la degaje yon emosyon ki jwenn ak emosyon natirèl ki lakay lektè a, espektatè a, elatriye. Operasyon sa a se li menm ki emosyon atistik la. Si chak fwa ou li « Romeo et Juliette" Shakespeare ekri a, chak fwa w li powèm "Demain, dès l'aube" Victor Hugo ekri a, emosyon zèv sa yo touche emosyon w. Se emosyon atistik la k ap reveye emosyon natirèl lakay ou a.

Egzèsis sa a pèmèt nou konprann atis yo pa konstui zèv yo san emosyon atistik la pa entèveni. Lòt aspè emosyon zèv ki enpòtan pou nou souliye. Zèv gen emosyon pa l, otè a gen emosyon pa l, lè l ap konstui zèv la. Lektè a ou byen konsomatè a pral gen yon lòt rapò ak emosyon atistik zèv la, sa depan nan nivo zèv la touche sansibilite l.

Ma Drapo Souvnans s'on rankont ant emosyon powèt la ak emosyon powèm yo. Zèv la reyonnen tankou yon chan Mayetik. Chak mo s'on fil alegati k ap mennen vibrasyon emosyonèl otè a nan tout direksyon.

« Ma Drapo Souvnans » anonse yon kowòt literetè, yon estetik pwòp anvan powetik powèt la donnen flanm.

Anderson DOVILAS

Editè

Katalòg

Chak fwa zye m dezabiye w

Lang mwen neye

Tankou bòs pent

K ap potretize san bout

Sou yon bout twal

M pran penso imajinasyon m

Pou m fè pòtrè w

Nan tablo powèm nan

Toutouni

Chak pati nan kò w

Dechaje

Yon kokennchenn imaj

K al devlope

Nan nannan panse m

Jouk m mete ba

Yon katalòg emosyon

K ap make pa.

Son je

Si w vle konn kijan m damou

Tande bri kè m k ap danse

Yon konpa dirèk nan je m

Lè mo yo ap toke lang

Osnon fè lago kache

Anba kabann eko silans

Pa bliye son je

S on zam silansye

Ou pap tande l

Si aparèy kè w sote.

Jou n kwaze

Chalè kò n sifi

Pou fonn syèl la ak tè a

Jou n kwaze

Fasafas

Babpoubab

N ap envante espas lanmou.

Entraduizib

Yon mo

Yon imaj

Yon nanm

Ki fè bouje tout kò lespri

Nan fòse tradui w

Nan yon lang

Vesi mo yo eklate

Tankou blad k ap pran van

Ou se diksyonè vivan tout lang

Ki kache sans lavi

E ki fè menm zanj depale

M pa fò nan gramè

Pa jije m si m fè fot

Lè m ap tradui w

Nan lang silans mwen

Nas lanmou

Tankou lanm lanmè

Li rale n mennen vini

Jouk pye n pèdi tè

N al ateri sou

Kabann

Karabann lanmou

Ewozyon santimantal

Tan an pat ko demwazèl

Douvan je solèy midi

San nyaj ni foumi fou

Lapli lanmou tonbe

Yon lapli marye ak grèl

Sou kòtèj van tivoudra lapawòl

Debòde nan jaden kè nou

Bwote ale tout fòs rezistans

Ak nanm bon sans nou

Lage yo nan vag lanmè foli

Tout meteyo pran nan resif.

L ap li lapli

Lapli

Lapli

Yon bonèt pou pare lapli

Nyaj vin avan lapli

Lakansyèl vin aprè lapli

Lakseksyèl vin ak lapli.

Kè fayans

Yon kè chaje vid

S on chanm gonfle lè

K ap navige nan 4 pwen kadino

Yon lanmè razware

Yon kè chaje vid

S on poul boure

K ap dechire sou tab gani

Yon vil fènwarize

Yon kè chaje vid

Se tout yon zile

K ap payetize sou frontyè awousa

San lame ni lanmè

Senp Maryaj

An nou fè lago fache

Chak jou

Pou n rekonsilye dèyè do solèy

An nou kase branch yo

Detanzantan

Pou yo boujounen tankou lyann panye

An nou renouvle alyans lan

Chak nouvèl lin

Pou istwa damou n pa janm kanni

An nou kase branch yo

Detanzantan

Pou yo boujounen tankou lyann panye.

Mwen menm avè w

Mwen menm avè w

Se fil pit nan kòd lanmou

A chak fwa n separe

Nou tankou krab san dan

Nan kalfou gran rivyè

M pat janm konprann

Pouki lè n kwaze

Pawòl mennen pawòl

Mo marande ak mo san mezi

Pou vegle je tan an.

M renmen lannuit

M renmen lannuit

Lè w ap dòmi ak pòt yo tou louvri

Tou louvri kou nen bwasonyè k ap pran fre

Fre lodè kafe k ap griye douvanjou

Je fèmen m rantre

M rantre nan tout chanm yo youn apre lòt

Youn apre lòt m vire tounen san rete

San rete jouk kòk fin chante lè solèy leve.

Solèy lalin mwen

Sitadèl lanmou w se dènye mèvèy lavi

Sant li gen lodè letènite

Chak fasad s on liv sakre ki louvri sou lavni

Li tache kè m kou yon etanp lèt kandelam

K ap fè lapli grimas

Kijan pou m ta fè bliye w

Ou se dlo ki travèse bwa joumou

Pou jèmen plant mwen

Gou sakrifis ou detenn nan saliv memwa m

Tout souf klowòks granmoun mwen etenn

Ou se lapli dènye sezon

Ki awoze lespwa nan solèy dete

Ou se fa ki klere pa lannwit egzistans mwen

Pawòl nan bouch ou se legim vèt

Pale pou m pa bite.

Zanmitay

Zanmitay yon vye zanmi

Se lajan sere

Li pa janm ize ni debachi

Li briye tankou pidetwal nan syèl letandi

Zanmitay yon bon zanmi

Se bwat sekrè lavi

Li pa janm kase ni demoli

Li donnen tankou joumou anba pay

Zanmitay yon vrè zanmi

Se koulèv nan twou bwa

Lafimen dife mete l deyò.

Lorizon

Lorizon

Sispann fè m lasisin!

Ou tankou yon timoun

K ap fè lago:

Chak fwa m deplase

Pou m vin jwenn ou

Ou deplase tou.

M kouri pou m kenbe w,

Ou lage m nan kouri pi rèd!

Panzou

Tankou bwachèch

K ap fè laplanch

Nan yon letan dife

Tankou vètè

K ap danse laloz

Nan yon nich foumi

Tan an konsonmen vi nou

Nan deplamen lasyans

Van lavi simaye sann depouy la

San bri san kont

Nan kalfou verite.

Divèsite kiltirèl

Pouki w vle m gade w

Pou m konnen m egziste?

Chak kò,

Gen yon nanm;

Chak peyi,

Gen yon drapo …

Se pa nan syèl la,

Men se nan diferans koulè yo

Bote lakansyèl chita!

Kilti yon pèp

Kilti yon pèp

Pa pye sabliye

Se ma drapo souvnans

Ki plante nan dekou

Dèyè do lalin konsyans

Kilti yon pèp

Pa pye sabliye

Se yon kata tanbou

Nan douvanjou somèy

Ki dezabiye nanm ak kostim pèpè.

Peyi mistè

Danse

Peyi mistè

Danse

Fè lwa bitasyon kontan

Ya mare lapli pou w pa jwe marèl

Kay leta vid

Men kanal yo chaje kou legba

Kè twourego yo plen kou fanm gwòs

Tèt mòn yo pa gen parapli

Depi zonbi bat madanm li

Vil yo inonde

Danse

Peyi mistè

Danse

Fè lwa bitasyon kontan

Ya mare lapli pou w pa jwe marèl.

Vwayaj leta nan peyi san chapo

Rèl poko menm pete,

Dlo te gentan desann

Ak yon lesenmyèl timoun

Nan tout lari pòtoprens.

Fwa sa a,

Se pa ni palman an

Ni palè nasyonal

Oubyen palè jistis,

Men se chak grenn cheni

K ap tounen papiyon

Nan popilasyon an

Ki pote zèl ak dèy!

Pwatann

Chak eleksyon

Se yon mwa desanm

K ap klewonnen

Yon Tonton Nwèl

"Ap pote kado"

Somèy eslogan

Vòlè je tout timoun

Lè yo reveye

Tout rèv tounen pwatann.

Votèmann

Rale ti chèz ba

Rebat kat la

Nan politik

Tout boul gen revè

Gade rat mòde soufle

Sou tèren lespwa

Nan jwèt aza eleksyon

Sèl kandida pasèten ki asire

Mètdam enperyalis

Ki bon non w

Enperyalis

M konnen w s on vye rat

Mòde soufle

Ou mete tab

Domino w

Chita nan lespri m

Jwe tout kalte bout

Pandan n ap jwe

W ap voltije

Peze souse flè tout plant

Ki nan sezon rekòt mwen

Bout pa bout

Ou fè dekabès nan met mi

Doubsis povrete

Mouri nan men m.

Manjèdòm

Tonton Sam

Tonton Makout

Se marasa

Pa gen moun ki wè anba lakay yo

Ki soti vivan.

Lagè sou chèz inyorans

Mond lan tounen yon gagè

Tout zepon sòlda file

San yo pa konn pouki

Y ap batay

Chak gè

Pi chè pase yon pari kòk

Chak gè

Se yon ganmèl san

Ki trennen dèyè l

Yon simityè san bawon.

Jijman latè

Sa fè lontan

Latè pa tifi ankò

Vwal vijinite l chire

An timiyèt moso

Sa fè lontan

Latè pa tifi ankò

Anba wòb li tounen yon savann

Pou chwal polisyon galonnen

Sa fè lontan

Latè pa tifi ankò

Nou fin pèdi latè

Latè pèdi nou tou.

Yo fin ale

Yo fin ale

Zo tèt ak bawon ki rete

Yo fin ale

Zo tè ak fatra ki rete

Moun yo vid

Mòn yo vid

Vil yo vid

Peyi a redui ak yon sèl ri

Ri lantèman.

Wout kanpelwen

Se tankou flit van nan yon balon

Zantray mwen ap koupe

Chak frap

Tchovi yo pran lari

An mas

San gouvènay

San defans

Se tankou yon mab grizon

M pèdi fòm kò m

Chak tèk

Tchovi yo pran lari

An mas

San gouvènay

San defans.

Peyi etranje

Men yon relijyon san fwa

Ni lwa

Ki konvèti tout moun an etranje !

Pèsonn pa mare ak kòd lonbrik li,

Tout moun vin etranje.

Wi

Tout moun se etranje

Pou tout moun !

Viv san papye !

Papye se bout pa pye

San papye

Nou t ap fè plis

Ke san pa

Ale nan tout bout latè

Tout kote je nou

Ka klere pye nou

Papye se kouto

File m debò

Li se siman

Ki soude moun

Menm plim menm plimay

Men li se miray

Ki bloke

Moun deyò

Papye se ti mamit

Li mezire moun

Tankou pwa diri

Nan laye ti machann

K ap bouske lavi

Anba lavil

Papye se bout pa pye

Papye se sèvolan

Ki pran van nan karèm

Li bay pwason davril

Nan janbe dlo

Papye se sèvo lan mas

Li pèdi fèy

Nan chanje syèl

Kote lòt zetwal briye

Papye se bout papye

Viv san papye!

Sanzatann

Reyon limyè vil la

Bat tout kò m

Zo m krake

Po m fè chèdepoul

Denawè mwen tounen

Yon jamè dodo

Nan wetemete

Bèl achitekti

Tout koulè

Sanzatann

Tanpèt movetan

Mete pye

Bato rèv mwen koule

Depatcha pyès pa pyès

Moso pa moso

Ozalantou waf la

Se nan miwa lanmò

M ap gade gwosè bouboun lavi.

Abandone

Anglouti nan yon toubiyon

Savann dezole

San bann

Ni kolòn,

Flèv souri m tèlman sèch

Menm lonbraj mwen disparèt.

Nèg

Tankou poud DTT

Ou rache manyòk esklavaj

Nan jaden kolon blan je vèt

Sant kòlè w

Pi fò pase alkali twadegout,

Fòs li pete chenn restavèk

Toupatou sou latè !

Tonnè !

Twòp pousyè.

Tè a swaf lapli libète:

Se lè pou frape pye w,

Souke kò w

Pou vàn dominasyon an pete!

Miwa

Vè yo san lanvè

Pwezi m san lanvè landrèt

Sispann kònen zòrèy lavi.

Tab matyè

1- Katalòg
2- Son je
3- Jou n kwaze
4- Entraduizib
5- Nas lanmou
6- Ewozyon santimantal
7- L ap li lapli
8- Kè fayans
9- Senp maryaj
10- Mwen menm avè w
11- M renmen lannwit
12- Solèy lalin mwen
13- Zanmitay
14- Lorizon
15- Panzou
16- Divèsite kiltirèl
17- Kilti yon pèp
18- Peyi mistè
19- Vwayaj leta nan peyi san chapo
20- Pwatann
21- Votèmann
22- Mètdam Enperyalis
23- Manjèdòm
24- Lagè sou chèz inyorans
25- Jijman latè
26- Yo fin ale
27- Wout Kanpelwen
28- Peyi etranje
29- Viv san papye
30- Sanzatann

31- Abandone
32- Nèg
33- Miwa.

Biografi

Isaac Volcy fèt Pòsali nan depatman Sid an Ayiti 24 Desanm 1983. Li fèt nan yon fanmi kretyen ki gen kat pitit (Mardochée, Gédéon, Edrice). Li fè etid fondamantal li nan lekòl nasyonal Makabe ak lise Jean Hubbert Feuillé nan Pòsali kote l te kòmanse montre talan l nan patisipe nan aktivite kiltirèl ak atistik.

Nan lan 2000, li kite vil natal li pou vin kontinye etid li nan Pòtoprens. Li te kontinye etid segondè a nan lise Antoine Georges Izmery, kote li te retounen anseye Fransè ak Filozofi kèk lanne aprè. Isaac fè plizyè etid. Pami yo, li etidye Dwa ak Filozofi nan inivèsite Leta an Ayiti, epi li fè yon metriz nan Literati ak Filozofi nan inivèsite Pari 8.

Isaac ekri plizyè pyès teyat, tankou : « Le procès d'Adam et Eve », « La jeunesse Moderne », « Pour qu'Haiti renaisse », anplis li pase 10 zan kòm Metè an sèn Twoup MINAH.

Isaac se yon rèvè ki kwè nan kilti peyi l, k ap preche diyite toupatou kote l pase. Li se youn nan direktè fondatè òganizasyon Ribanbèl Kiltirèl pou promosyon kilti ayisyen an nan diaspora a, epi li anime yon emisyon fransè (Vivre dans la dignité) ki gen karaktè moral ak Filozofi sou «Radio Voix Evangélique d'Orlando, 1190 AM».

Coeur d'Haiti *se premye liv otè a te ekri nan lane 2004, ki pat janm rive pibliye.*

CMS Book Publishing
6100 Lake Ellenor, DR Suite 205
Orlando, FL-32809
407-952-5182
cmsbookpublishing@gmail.com
www.cmsbookpublishing.com

www.ingramcontent.com/pod-product-compliance
Lightning Source LLC
LaVergne TN
LVHW041459070426
835507LV00009B/700